海上絲綢之路基本文獻叢書

條議船政撥差事宜書册
浙海鈔關徵收税銀則例

〔明〕佚名 編／〔清〕佚名 修

文物出版社

圖書在版編目（CIP）數據

條議船政撥差事宜書册 /（明）佚名編．浙海鈔關徵收税銀則例 /（清）佚名修．-- 北京 ：文物出版社，2022.7

（海上絲綢之路基本文獻叢書）

ISBN 978-7-5010-7601-7

Ⅰ．①條… ②浙… Ⅱ．①佚… ②佚… Ⅲ．①船舶管理－史料－中國－明代②對外貿易－貿易史－浙江－清代 Ⅳ．① F552.9 ② F752.59

中國版本圖書館 CIP 數據核字（2022）第 097154 號

海上絲綢之路基本文獻叢書

條議船政撥差事宜書册・浙海鈔關徵收税銀則例

編　　者：〔明〕佚名　〔清〕佚名
策　　劃：盛世博閲（北京）文化有限責任公司

封面設計：鞏榮彪
責任編輯：劉永海
責任印製：張道奇

出版發行：文物出版社
社　　址：北京市東城區東直門内北小街 2 號樓
郵　　編：100007
網　　址：http://www.wenwu.com
經　　銷：新華書店
印　　刷：北京旺都印務有限公司
開　　本：787mm×1092mm　1/16
印　　張：13.875
版　　次：2022 年 7 月第 1 版
印　　次：2022 年 7 月第 1 次印刷
書　　號：ISBN 978-7-5010-7601-7
定　　價：98.00 圓

總緒

海上絲綢之路，一般意義上是指從秦漢至鴉片戰争前中國與世界進行政治、經濟、文化交流的海上通道，主要分爲經由黄海、東海的海路最終抵達日本列島及朝鮮半島的東海航綫和以徐聞、合浦、廣州、泉州爲起點通往東南亞及印度洋地區的南海航綫。

在中國古代文獻中，最早、最詳細記載『海上絲綢之路』航綫的是東漢班固的《漢書・地理志》，詳細記載了西漢黄門譯長率領應募者入海『齎黄金雜繒而往』之事，書中所出現的地理記載與東南亞地區相關，并與實際的地理狀况基本相符。

東漢後，中國進入魏晉南北朝長達三百多年的分裂割據時期，絲路上的交往也走向低谷。這一時期的絲路交往，以法顯的西行最爲著名。法顯作爲從陸路西行到印度，再由海路回國的第一人，根據親身經歷所寫的《佛國記》（又稱《法顯傳》）一書，詳細介紹了古代中亞和印度、巴基斯坦、斯里蘭卡等地的歷史及風土人情，是瞭解和研究海陸絲綢之路的珍貴歷史資料。

隨着隋唐的統一，中國經濟重心的南移，中國與西方交通以海路爲主，海上絲綢之路進入大發展時期。廣州成爲唐朝最大的海外貿易中心，朝廷設立市舶司，專門管理海外貿易。唐代著名的地理學家賈耽（七三〇～八〇五年）的《皇華四達記》記載了從廣州通往阿拉伯地區的海上交通『廣州通夷道』，詳述了從廣州港出發，經越南、馬來半島、蘇門答臘半島至印度、錫蘭，直至波斯灣沿岸各國的航綫及沿途地區的方位、名稱、島礁、山川、民俗等。譯經大師義净西行求法，將沿途見聞寫成著作《大唐西域求法高僧傳》，詳細記載了海上絲綢之路的發展變化，是我們瞭解絲綢之路不可多得的第一手資料。

宋代的造船技術和航海技術顯著提高，指南針廣泛應用於航海，中國商船的遠航能力大大提升。北宋徐兢的《宣和奉使高麗圖經》詳細記述了船舶製造、海洋地理和往來航綫，是研究宋代海外交通史、中朝友好關係史、中朝經濟文化交流史的重要文獻。南宋趙汝適《諸蕃志》記載，南海有五十三個國家和地區與南宋通商貿易，形成了通往日本、高麗、東南亞、印度、波斯、阿拉伯等地的『海上絲綢之路』。宋代爲了加强商貿往來，於北宋神宗元豐三年（一〇八〇年）頒佈了中國歷史上第一部海洋貿易管理條例《廣州市舶條法》，并稱爲宋代貿易管理的制度範本。

元朝在經濟上採用重商主義政策，鼓勵海外貿易，中國與歐洲的聯繫與交往非常頻繁，其中馬可·波羅、伊本·白圖泰等歐洲旅行家來到中國，留下了大量的旅行記，記録元代海上絲綢之路的盛况。元代的汪大淵兩次出海，撰寫出《島夷志略》一書，記録了二百多個國名和地名，其中不少首次見於中國著録，涉及的地理範圍東至菲律賓群島，西至非洲。這些都反映了元朝時中西經濟文化交流的豐富内容。

明、清政府先後多次實施海禁政策，海上絲綢之路的貿易逐漸衰落。但是從明永樂三年至明宣德八年的二十八年裏，鄭和率船隊七下西洋，先後到達的國家多達三十多個，在進行經貿交流的同時，也極大地促進了中外文化的交流，這些都詳見於《西洋蕃國志》《星槎勝覽》《瀛涯勝覽》等典籍中。

關於海上絲綢之路的文獻記述，除上述官員、學者、求法或傳教高僧以及旅行者的著作外，自《漢書》之後，歷代正史大都列有《地理志》《四夷傳》《西域傳》《外國傳》《蠻夷傳》《屬國傳》等篇章，加上唐宋以來衆多的典制類文獻、地方史志文獻，集中反映了歷代王朝對於周邊部族、政權以及西方世界的認識，都是關於海上絲綢之路的原始史料性文獻。

海上絲綢之路概念的形成，經歷了一個演變的過程。十九世紀七十年代德國地理學家費迪南・馮・李希霍芬（Ferdinad Von Richthofen，一八三三～一九〇五），在其《中國：親身旅行和研究成果》第三卷中首次把輸出中國絲綢的東西陸路稱爲『絲綢之路』。有『歐洲漢學泰斗』之稱的法國漢學家沙畹（Édouard Chavannes，一八六五～一九一八），在其一九〇三年著作的《西突厥史料》中提出『絲路有海陸兩道』，蘊涵了海上絲綢之路最初提法。迄今發現最早正式提出『海上絲綢之路』一詞的是日本考古學家三杉隆敏，他在一九六七年出版《中國瓷器之旅：探索海上的絲綢之路》中首次使用『海上絲綢之路』一詞；一九七九年三杉隆敏又出版了《海上絲綢之路》一書，其立意和出發點局限在東西方之間的陶瓷貿易與交流史。

二十世紀八十年代以來，在海外交通史研究中，『海上絲綢之路』一詞逐漸成爲中外學術界廣泛接受的概念。根據姚楠等人研究，饒宗頤先生是華人中最早提出『海上絲綢之路』的人，他的《海道之絲路與昆侖舶》正式提出『海上絲路』的稱謂。選堂先生評價海上絲綢之路是外交、貿易和文化交流作用的通道。此後，大陸學者馮蔚然在一九七八年編寫的《航運史話》中，使用『海上絲綢之路』一詞，這是迄今學界查到的中國大陸最早使用『海上絲綢之路』的人，更多地限於航海活動領域的考察。一九八〇年北京大學陳炎教授提出『海上絲綢之路』研究，并於一九八一年發表《略論海上絲綢之路》一文。他對海上絲綢之路的理解超越以往，且帶有濃厚的愛國主義思想。陳炎教授之後，從事研究海上絲綢之路的學者越來越多，尤其沿海港口城市向聯合國申請海上絲綢之路非物質文化遺産活動，將海上絲綢之路研究推向新高潮。另外，國家把建設『絲綢之路經濟帶』和『二十一世紀海上絲綢之路』作爲對外發展方針，將這一學術課題提升爲國家願景的高度，使海上絲綢之路形成超越學術進入政經層面的熱潮。

與海上絲綢之路學的萬千氣象相對應，海上絲綢之路文獻的整理工作仍顯滯後，遠遠跟不上突飛猛進的研究進展。二〇一八年厦門大學、中山大學等單位聯合發起『海上絲綢之路文獻集成』專案，尚在醖釀當中。我們不揣淺陋，深入調查，廣泛搜集，將有關海上絲綢之路的原始史料文獻和研究文獻，分爲風俗物産、雜史筆記、海防海事、典章檔案等六個類别，彙編成《海上絲綢之路歷史文化叢書》，於二〇二〇年影印出版。此輯面市以來，深受各大圖書館及相關研究者好評。爲讓更多的讀者親近古籍文獻，我們遴選出前編中的菁華，彙編成《海上絲綢之路基本文獻叢書》，以單行本影印出版，以饗讀者，以期爲讀者展現出一幅幅中外經濟文化交流的精美畫卷，爲海上絲綢之路的研究提供歷史借鑒，爲『二十一世紀海上絲綢之路』倡議構想的實踐做好歷史的詮釋和注脚，從而達到『以史爲鑒』『古爲今用』的目的。

凡例

一、本編注重史料的珍稀性，從《海上絲綢之路歷史文化叢書》中遴選出菁華，擬出版百册單行本。

二、本編所選之文獻，其編纂的年代下限至一九四九年。

三、本編排序無嚴格定式，所選之文獻篇幅以二百餘頁爲宜，以便讀者閱讀使用。

四、本編所選文獻，每種前皆注明版本、著者。

五、本編文獻皆爲影印，原始文本掃描之後經過修復處理，仍存原式，少數文獻由於原始底本欠佳，略有模糊之處，不影響閱讀使用。

六、本編原始底本非一時一地之出版物，原書裝幀、開本多有不同，本書彙編之後，統一爲十六開右翻本。

目録

條議船政撥差事宜書册　〔明〕佚名 編　明萬曆刻本……一
浙海鈔關徵收税銀則例 一卷　〔清〕佚名 修　清康熙刻本……一三一

條議船政撥差事宜書册

條議船政撥差事宜書册

〔明〕佚名 編

明萬曆刻本

南京兵部車駕清吏司管理船政主事祁　爲懇
法均差明職掌以肅人心事照得本職謬司
責舫事稱煩瑣所幸前人苦心之成規章章具在要
惟循守而修明之可幸無失獨有撥差一節在船差
之難易輕重固有天淵而各甲之趨避紛爭機巧百
出且船分四項派搭多途頭緒涵淆易眩一時之耳
目緩急倒置安服千百之人心本職自受事以來備
查職掌博訪輿情謬以爲調參差不齊之情惟在於
有均平畫一之政竭其一得條例六端旣詢[illegible]原任

船政主事陳　復會同本司署郎中事主事孟
細加籌畫互竭心思儻非塵飯塗羹之言或足為
遡源窮流之法伏乞
覆加鈞裁如以有裨船政逐款批示永令遵行其於
差撥夙弊可一洗矣為此備陳末議須至書冊者

計開

一議序撥夫船政之頭緒多端而弊竇難清者
莫甚於撥船之一節蓋人情本樂易而畏難
喜輕而避重故均一差也而長差與短差異

矣均一長差也而器用與鮮差異矣均一鮮
差也而氷鮮與土鮮又異矣所以巧有力者
為百端趨避之計而愚守分者始一聽重大
之差豈法之平乎今本司不能使差之無難
易而能使各甲之不能避難而就易也今斷
自本年秋案為始將通案聽差之船照依原
編字號一江一濟一馬一快如大馬船則於
馬船九隻之後方搭一隻平船則於快船四
隻之後方搭一隻大約總計兩衛馬快船二

十二隻之後方搭平船二隻又總計馬快平
船叁拾陸隻之後方搭大馬船二隻然快船
原數少於馬船不能撥齊此則于末後量為
間搭適均以後三案俱照此例編定刊成一
冊一應差撥止照此序如第一起錢糧應撥
船拾隻則自壹而十第二起應撥船伍隻則
自拾壹而拾五後有撥着以拾陸號為始儻
有輪撥之船或先前出差而尚未回塢或目
今缺甲而尚未領修則空此一號隨儘後號

挨上不論何衛但日後本船補差之時仍入
本衛應差之數可也如此則成規畫一承行
既無能上下其手而先後曉然小甲亦無可
趨避其間即船司素號煩瑣者亦洒然得其
要領矣伏候
裁奪奉
堂批
議序撥一款　内云本司不能使差之無難易而能
使各甲之不能避難而就易也即此一句已該括本

欵之意至云江濟馬快各照數分搭其快船馬船不能撥齊又量為間搭適均又云或船未回塢船未領修随空此一號日後本船補差仍入本衛差數有此畫一成規則承行者豈能上下其手而為船甲者又安得避難就易耶如議行

一議撥期夫船甲次序雖可預定而撥差則不能不分先後也先後之間機巧即因之以百出盖本司所擄者前司說堂之日而前司所擄者内監討船之揭貼而前站經手與小甲

相串為奸則其揭帖投部之期可以遲速其手矣如膳盒與鮮笋皆以二月序撥者也儻後甲欲趨鮮笋而避膳盒則以膳盒之揭帖故速而以鮮笋之揭帖故遲前甲欲得鮮笋而推膳盒則以鮮笋之揭帖故速而以膳盒之揭帖故遲諸如此類寧能一一而窮詰之乎今本司會同前司將一應年例額差備查三年之例酌定說堂之期且查照船政要覽并派定撥船之期總刋于書冊之後凡係額

差者不論揭帖何日投部而但據刋定說堂
之期為後先如兩揭同日說堂者亦以書冊
所刋先後為據倘有飛差偶與年例同日者
則必以年例為先而飛差為後必使定例昭
然若弦朔晦明之不爽則群情自肅知風雷
雨露之無私矣伏候
裁奪奉
堂批
議撥期一款　內云凡係額差者不論揭帖何日投

部而但據刻定説堂之期為後先如兩揭同日説堂者亦以書冊所刻先後為據倘有飛差為後即此數語則撥差之期皆照冊預定自可永絕謀差諸弊即有機巧百出之徒亦不得而後先之矣如議行

一議趕案夫兩廠之船本有次序而中不免于紊亂者則趕案之船為溷也其所謂趕案者有二有奉文補差稽留公務而已越本案修造之期者有逗留不歸累月經年而不及本案修造之期者雖均為趕案而情罪則有分

矣即逗留不歸者其情罪亦有二有奸甲玩法將船無力南還或私自攬載而踰期始歸者有前甲已故致船遺棄于北僉甲往接而踰期始歸者夫玩法者之踰期此其罪在該甲也固當究處以示懲接船者之踰期此其罪不在新甲也所當一體以均撥今為酌以定例此後凡係公務稽留及新甲接回者其補修則附于見案之末而差撥則均於見案之中凡係小甲玩法而趕案者其提修不得

不附于此案之中而差撥必壓于後案之始
夫所謂均搭于見案者如趕案者十隻計派
于通案一百六十隻之內每十六隻應搭壹
隻如止五隻每三十二隻應搭一隻多寡均
調以此為率查明之後即註明于編定書冊
之下若臨時而撥補則又起趨避之端矣獨
於玩法踰期者必壓于一案撥盡之後方行
差遣即差遣亦不得與龍衣鮮差之列以示
懲創總之前項趕案者其均搭次第一以到

鴆棧銷之日爲後先不論馬快平船如汴濟
適均者則一江一濟無江則儘濟無濟則儘
江此法一定更無傍岐曲徑可以參差紊越
者矣伏候
裁奪奉
憲批
議趕案一款 該司謂兩廠趕案之船易于紊亂次
序良爲有見蓋趕案船内有三或稽留公務而踰期
或僉甲徃接而踰期或奸甲玩法而踰期今議稽留

公務僉甲往接者補修附于見案之末而差撥均于
見案之中獨玩法踰期者提修不得不附于此案之
中而差撥必壓于後案之始即差撥亦不得預龍衣
鮮差之列庶幾激勸懲創分明且將趕案者分搭各
船數内務使多寡均調又預為編定不許臨撥輙為
更動愈精密矣大抵均搭次第一以到塢投銷之日
為後先不論馬快平船如江濟船隻偶爾適均則一
江一濟若無江則儘濟無濟則儘江此法既定又何
參差紊越之慮耶如議行

一議補差夫船苦于趕案為之涸撥船苦于補
差之為涸所自來矣故不議補差則正差未
有能畫一者也其所謂補差者有二其一如
姜蕖香橙木樨煎原係半差例不到京回塢
之日自備修艌應聽補差者也其一如年例
各差偶有中途事故僱船裝載半路回還本
部既追長差銀仍得自備修理亦例應補差
者也但中途事故者非小甲之修造不堅而
衝風觸浪則前途之人力不繼而遲回不進

者也此兩者皆玩法之最甚而仍爲撥補是
各甲之奉公趨事者一差之後反坐守乎三
年而該甲之媮惰悞事者既回之後即徼差
于一日何以服各甲之心然終于不差則本
部已有一番修理之費而曾不得其一日裝
載之用又非所以爲國計矣自今酌以定例
如前蓋葉等差定以投銷批文之日爲始俟
此後於正案中撥過二十隻方搭一隻亦止
補年例器具短差不得撥及鮮差長差之類

若中途事故回還者不論何項船隻總壓于
正案之末聽檢即撥並於大木雜木等差
不得一體與長差均搭此於補差之中自寓
勸懲之意且於參差之際更絕旁出之門伏
候
裁奪奉
堂批
議補差一款　凡補差有二一曰半差一曰中途事
故今議半差回京俟正案撥過二十隻方搭一隻亦

止補年例器具短差不行撥及鮮差長差之類若事故回京不論何項船隻總壓于正案之末聽撥即撥亦止于大木雜木等差不得一體與長差均搭則非但勸懲得當而撥船之際補差者不得為之溷矣如議行

一議定案查得大馬船向不到京止撥近差每差一分給銀三兩故修造之案與各船不同而等則亦異今歷年以來既與各船一體撥差矣而不一體議修已為不便于甲且大馬

船昔分六案而各船止分四案至于差撥之
際參差錯雜頭緒多端更為不便于官今通
查兩衛原編國字民字號船雖共有五十隻
而內除黑樓座船十八隻實在止三十二隻
也今應照小馬快平之則亦分四案每案每
衛提修四隻但昔日之議各船兩年一修而
大馬船三年一修故特免其油艌畧修二則
今既逐案同修仍照各船成折造而後自油
艌為始不得異同小修而後較原定等則量

為增加其擺江印烙打搽鰣魚鱑魚之類皆以前案出差回塢之船聽撥而不得以見在同修之船圈差即擺江各差亦立有成式以出差回塢之日為先後另立一簿依次序撥總之四案之內除見案修理者外其餘以前二案為聽撥以後一案為聽修毫無紊亂至于越修之端尤當嚴杜盖既越案而修則勢必至越案而差夫輪案者尚在守候而越次者反得差遣甚非法也以後一槩不許巧立

名色以希越案即年分已久船果朽壞不堪
亦必須驗確始准車絞上岸候案輪修可也
伏候
裁奪奉
堂批
議定案一欵　凡船隻既已一體撥差自當一體議
修其大馬船應照小馬快平之則亦分四案修造乃
為適均其提修船數併修造年分併聽撥聽修等項
各規則俱經畫停妥至于巧立名色希圖越案而修

者嚴為禁絕免起越案而差之弊如議行
一議給銀查得年例額差各船既有應撥之期
各甲自有應領之銀本司安得而故執之但
有船雖如期已撥而所運之錢糧尚在無何
有之鄉者甲已如期領銀而開行之日期尚
不知何年月日者此欲船無他虞而甲無妄
費何可得乎即船政所載亦慮及後半之差
銀故必取前站遞結委官覆報於開行五七
日之前乃始找給其為慮亦周且悉矣但不

慮其始而徒防其後無益也夫使各甲前半之銀既已化為烏有則縱使後半所領分毫實用亦安足給其長途往回之費哉故本司之所重者尤在于先給一半之時蓋向來成規撥船之後即票行委官查其不致妄費手本回報方付前司支銀夫此時銀尚未發即其費之妄與不妄該廠與委官亦何從而知之不過徒作一番文移格套耳今後當撥船之期即喚所運經手前站面審其錢粮之有

無取其結狀本司亦間為親驗如本無需前站經手捏稱見在者即時董責究革面審既的即票行該衛令本甲正身持本衛印信手本批准支領先前一半大約不出撥船十月之內更設刋成長单一張與前半之銀同給俟該委官開報驗裝之期即將各甲原發長单塡註置辦過篷纜器具若干僱定水手幾人買過柴米若干本司即于長单後批准找給方付前司說堂支領後半以便臨行分散

水手找足柴米之用而未經發銀之前票查虛文一切俱罷盖多一番文移則多小甲一番守候之苦且不使遲速之間承行者得因緣以市恩也如此則發銀有常期找支有定格各甲既不能以官帑填私用而前途亦不致以赤手悞

貢舫矣伏候

裁奪奉

堂批

議給銀一款　各甲應領之銀本衙門原分為前半後半而該司尤慮所運錢糧尚在無何有之鄉起運行期尚不知何年月日遂與前半銀兩先已費去無存即使後半所領安能足其長途往回之費故欲慎重于先給一半之時如所云面審錢糧有無然後准支前半待其辦完篷纜器具柴米僱定水手方許支領後半其未經發銀以前票查虛文一切俱罷等語種種切中事情殊為緊要但船甲領銀各衙門到處需索併日逐伺候不得領銀入手賠工之苦則往往

有之蓋因官民分隔上下勢殊其流之弊易至于此
要在吾黨共相時時念及不令若輩復受前苦可也
如議行
以上六款一面奉
聖批出示遍掛一面刊刻以垂永久

南京兵部船政分司為悉法均差明職掌以肅人
心事仝將一應年例額差查照職掌開載及歷年
説
堂并撥船日期逐一開列於後
計開
一春
龍衣額定馬船柒隻　黄船肆隻職掌開載拾壹月
中旬撥今每年拾壹月初貳日説　堂拾壹月
貳拾陸日撥船

一春藕額定馬船貳隻　黃船壹隻職掌開載拾
壹月中旬撥今每年拾壹月拾玖日説　堂拾
貳月拾捌日撥船
一荸薺額定馬船壹隻　黃船壹隻職掌開載拾
貳月中旬撥今每年拾貳月初貳日説　堂拾
貳月貳拾肆日撥船
一種薑額定馬船貳隻職掌開載拾貳月中旬撥
今每年正月初玖日説　堂正月拾捌日撥船
一菜薹額定馬船叁隻　黃船壹隻職掌開載貳

月中旬撥令每年貳月拾貳日説　堂貳月拾
日撥船
一畫匣板貳起額定馬船捌隻職掌開載於上年
拾壹月初旬撥令每年貳月拾貳日説　堂貳
月拾玖日撥船
一大木額定馬船叄拾捌隻職掌開載正月中旬
撥令每年叄月拾貳日説　堂肆月初陸日撥
船仍以錢糧完驗為主
一膳盒額定馬船肆隻　黃船壹隻職掌未開令

每年貳月貳拾貳日說　堂叁月初貳日撥船

一鮮笋額定馬船肆隻　黃船壹隻職掌開載貳月下旬撥今每年貳月貳拾貳日說　堂貳月拾陸日撥船

一雜木額定馬船貳拾壹隻職掌開載正月中旬撥今每年貳月貳拾捌日說　堂肆月初陸日撥船仍以錢糧驗完為主

一枇杷額定馬船貳隻　黃船壹隻職掌開載叁月中旬撥今每年叁月初陸日說　堂叁月拾

貳日撥船
一頭起鰣魚額定馬船拾伍隻　黃船叁隻職掌
開載叁月中旬撥今每年叁月初玖日說　堂
叁月拾玖日撥船
一新茶額定馬船壹隻　黃船壹隻職掌開載
月　旬撥今每年叁月拾貳日說　堂叁月貳
拾貳日撥船
一二起鰣魚額定馬船拾隻　黃船貳隻職掌開
載叁月中旬撥今每年叁月拾貳日說　堂叁

月貳拾貳日撥船

一司禮監杉條額定馬船肆隻職掌開載正月下
旬撥今每年叁月拾陸日說　堂肆月初陸日
撥船仍以錢糧驗完為主

一
神帛額定馬船叁隻　黃船壹隻職掌開載拾壹月
中旬撥今每年叁月拾陸日說　堂叁月貳拾
陸日撥船

一苧布額定馬船叁隻職掌開載叁月中旬撥今

每年叁月貳拾貳日說　堂肆月貳拾玖日撥
船
一御用監杉條額定馬船肆隻職掌開載正月下
旬撥令每年叁月貳拾陸日說　堂伍月初陸
日撥船
一秋
龍衣額定馬船柒隻　黄船肆隻職掌開載肆月中
旬撥令每年叁月貳拾玖日說　堂肆月貳拾
日撥船

一糟笋額定馬船壹隻　黃船壹隻職掌開載肆月初旬撥今每年肆月拾陸日説　堂肆月貳拾貳日撥船

一司苑局苗薑額定馬船叁隻職掌開載肆月中旬撥今每年肆月拾陸日説　堂肆月貳拾貳日撥船

一楊梅額定馬船肆隻　黃船壹隻職掌開載肆月中旬撥今每年肆月拾陸日説　堂肆月貳拾貳日撥船

一神宮監苗薑額定馬船叁隻職掌開載伍月初旬撥今每年肆月拾玖日説　堂伍月初捌日撥船

一竹器額定馬船伍隻職掌開載陸月中旬撥今每年伍月初玖日説　堂伍月拾陸日撥船

一鮮魚乾額定馬船壹隻　黄船壹隻職掌開載伍月中旬撥今每年肆月拾陸日説　堂伍月貳拾貳日撥船

一秋藕額定馬船貳隻　黄船壹隻職掌開載陸

月中旬撥令每年陸月拾陸日說　堂柒月初
捌日撥船
一紫蘇糕額定馬船壹隻　黄船壹隻職掌開載
陸月下旬撥令每年陸月拾陸日說　堂柒月
拾陸日撥船
一木樨煎額定馬船壹隻　黄船壹隻職掌開載
柒月初旬撥令每年捌月拾玖日說　堂捌月
貳拾陸日撥船
一香橙額定馬船貳隻職掌開載捌月初旬撥令

每年捌月拾玖日說　堂捌月貳拾陸日撥船

一薑菓額定馬船貳隻職掌開載捌月初旬撥令

每年捌月拾玖日說　堂捌月貳拾陸日撥船

一

顯陵制帛額定大馬船壹隻　黃船壹隻職掌開載

玖月下旬撥令每年玖月貳拾玖日說　堂拾

月貳拾貳日撥船

原無額數差

工部器皿　内官監銅器　職掌俱開柒月下

旬樣令船數俟手本到日酌定說堂樣船

宮人板枋　印綬監誥命　二項職掌未載今

歷年宮人板枋樣船隻數

誥命樣船隻數俱俟手本到日酌定說堂樣船

間年飛差

針工局板櫃船　青䉙荳竹船　金榜紙船

顏料船　肥皂船

內織染局空箱船　戧金盒船　花梨木船

胖衣船　畨錫船

以上拾壹差職掌開載或叁年伍年柒年拾
年起運壹次照來文數目酌量撥給
鐵器船　龍床船
以上二差職掌未載係飛差
每年年例近差大馬船貳拾玖隻
尚膳監採取鰣魚暫座船叁隻　舊職掌開叁
月分撥　今每年叁月初壹日撥
鰣鱑魚暫座船壹隻　舊職掌開柒
月分撥　今每年柒月初拾日撥

司禮監湖廣制帛船壹隻　舊職掌關玖月分
撥　今每年玖月貳拾陸日撥
蕪湖印烙板枋船捌隻　舊職掌開伍月分撥
今每年柒月拾捌日撥
江濟二關擺江撥大馬船肆隻　每叁個月一
換一年共撥拾陸隻
每年本部給銀自僱民船裝運
潞府食鹽船拾伍隻　每隻貼銀伍拾壹兩貳
錢共銀柒百陸拾捌兩船免撥

襄府食鹽船貳隻　每隻貼銀貳拾貳兩伍錢

共銀肆拾伍兩船免撥

孝陵磚瓦船壹隻給銀叁拾兩　孝陵衛指揮

支領送　陵自催船免撥

麥領　送　陳自僱船免稅

洋檳榔壹船壹隻給銀柒拾兩　洋參貳拾捌

共銀肆拾伍兩船免稅

裹府倉鹽艙貳隻　壹隻船銀貳拾貳兩伍錢

南京兵部船政分司為悉法均差明職掌以肅人心事今將一應大小馬快平船編列于後

第一案

江淮衛泰字一號馬船小甲

濟川衛安字一號馬船小甲

江淮衛風字一號快船小甲

濟川衛雨字一號快船小甲

江淮衛泰字二號馬船小甲

濟川衛安字二號馬船小甲

江淮衛風字二號快船小甲
濟川衛雨字二號快船小甲
江淮衛泰字三號馬船小甲
濟川衛安字三號馬船小甲
江淮衛風字三號快船小甲
濟川衛雨字三號快船小甲
江淮衛泰字四號馬船小甲
濟川衛安字四號馬船小甲
江淮衛風字四號快船小甲

濟川衛雨字四號快船小甲
江淮衛泰字五號馬船小甲
濟川衛安字五號馬船小甲
江淮衛風字五號快船小甲
濟川衛雨字五號快船小甲
江淮衛泰字六號馬船小甲
濟川衛安字六號馬船小甲
江淮衛調字一號平船小甲
濟川衛順字一號平船小甲

江淮衛泰字七號馬船小甲

濟川衛安字七號馬船小甲

江淮衛風字六號快船小甲

濟川衛雨字六號快船小甲

江淮衛泰字八號馬船小甲

濟川衛安字八號馬船小甲

江淮衛風字七號快船小甲

濟川衛雨字七號快船小甲

江淮衛泰字九號馬船小甲

濟川衛泰字九號馬船小甲

江淮衛國字一號大馬船小甲

濟川衛民字一號大馬船小甲

江淮衛風字八號快船小甲

濟川衛雨字八號快船小甲

江淮衛泰字十號馬船小甲

濟川衛安字十號馬船小甲

江淮衛風字九號快船小甲

濟川衛雨字九號快船小甲

江淮衛泰字十一號馬船小甲

濟川衛安字十一號馬船小甲

江淮衛風字十號快船小甲

濟川衛雨字十號快船小甲

江淮衛泰字十二號馬船小甲

濟川衛安字十二號馬船小甲

江淮衛調字二號平船小甲

濟川衛順字二號平船小甲

江淮衛泰字十三號馬船小甲

濟川衛安字十三號馬船小甲

江淮衛風字十一號快船小甲

濟川衛雨字十一號快船小甲

江淮衛泰字十四號馬船小甲

濟川衛安字十四號馬船小甲

江淮衛風字十二號快船小甲

濟川衛雨字十二號快船小甲

江淮衛泰字十五號馬船小甲

濟川衛安字十五號馬船小甲

江淮衛風字十三號快船小甲
濟川衛雨字十三號快船小甲
江淮衛泰字十六號馬船小甲
濟川衛安字十六號馬船小甲
江淮衛風字十四號快船小甲
濟川衛雨字十四號快船小甲
江淮衛泰字十七號馬船小甲
濟川衛安字十七號馬船小甲
江淮衛風字十五號快船小甲

濟川衛雨字十五號快船小甲

江淮衛國字二號大馬船小甲

濟川衛民字二號大馬船小甲

江淮衛調字三號平船小甲

濟川衛順字三號平船小甲

江淮衛泰字十八號馬船小甲

濟川衛安字十八號馬船小甲

江淮衛風字十六號快船小甲

濟川衛雨字十六號快船小甲

江淮衛泰字十九號馬船小甲
濟川衛安字十九號馬船小甲
江淮衛風字十七號快船小甲
濟川衛雨字十七號快船小甲
江淮衛泰字二十號馬船小甲
濟川衛安字二十號馬船小甲
江淮衛風字十八號快船小甲
濟川衛雨字十八號快船小甲
江淮衛泰字二十一號馬船小甲

濟川衛安字二十一號馬船小甲
江淮衛風字十九號快船小甲
濟川衛雨字十九號快船小甲
江淮衛泰字二十二號馬船小甲
濟川衛安字二十二號馬船小甲
江淮衛風字二十號快船小甲
濟川衛雨字二十號快船小甲
江淮衛泰字二十三號馬船小甲
濟川衛安字二十三號馬船小甲

江淮衛調字四號平船小甲

濟川衛順字四號平船小甲

江淮衛泰字二十號馬船小甲

濟川衛安字二十四號馬船小甲

江淮衛風字二十一號快船小甲

濟川衛雨字二十一號快船小甲

江淮衛泰字二十五號馬船小甲

濟川衛安字二十五號馬船小甲

江淮衛風字二十二號快船小甲

濟川衛雨字二十二號快船小甲
江淮衛國字三號大馬船小甲
濟川衛民字三號大馬船小甲
江淮衛泰字二十六號馬船小甲
濟川衛安字二十六號馬船小甲
江淮衛風字二十三號快船小甲
濟川衛雨字二十三號快船小甲
江淮衛泰字二十七號馬船小甲
濟川衛安字二十七號馬船小甲

江淮衛風字二十四號快船小甲
濟川衛雨字二十四號快船小甲
江淮衛泰字二十八號馬船小甲
濟川衛安字二十八號馬船小甲
江淮衛風字二十五號快船小甲
濟川衛雨字二十五號快船小甲
江淮衛泰字二十九號馬船小甲
濟川衛安字二十九號馬船小甲
江淮衛調字五號平船小甲

濟川衛順字五號平船小甲

江淮衛泰字三十號馬船小甲

濟川衛安字三十號馬船小甲

江淮衛風字三十六號快船小甲

濟川衛雨字三十六號快船小甲

江淮衛泰字三十一號馬船小甲

濟川衛安字三十一號馬船小甲

江淮衛風字二十七號快船小甲

濟川衛雨字二十七號快船小甲

撥船事宜

江淮衛泰字三十二號馬船小甲
濟川衛安字三十三號馬船小甲
江淮衛風字二十八號快船小甲
濟川衛雨字二十八號快船小甲
江淮衛泰字三十三號馬船小甲
濟川衛安字三十三號馬船小甲
江淮衛風字二十九號快船小甲
濟川衛雨字二十九號快船小甲
江淮衛泰字三十四號馬船小甲

濟川衛安字三十四號馬船小甲

江淮衛國字六號大馬船小甲

濟川衛民字四號大馬船小甲

江淮衛調字六號平船小甲

濟川衛順字六號平船小甲

江淮衛泰字三十五號馬船小甲

濟川衛安字三十五號馬船小甲

江淮衛風字三十號快船小甲

濟川衛雨字三十號快船小甲

江淮衛泰字三十六號馬船小甲
濟川衛安字三十六號馬船小甲
江淮衛風字三十二號快船小甲
濟川衛雨字三十二號快船小甲
江淮衛泰字三十七號馬船小甲
濟川衛安字三十七號馬船小甲
江淮衛風字三十二號快船小甲
濟川衛雨字三十二號快船小甲
江淮衛調字七號平船小甲

濟川衛順字七號平船小甲

欽差專官

潮州鎮標左營平船小甲

今將第二案編定撥差大小馬快平船字號并

小甲姓名于後

江淮衛泰字三十八號馬船小甲

濟川衛安字三十八號馬船小甲

江淮衛風字三十三號快船小甲

濟川衛雨字三十三號快船小甲

江淮衛泰字三十九號馬船小甲

濟川衛安字三十九號馬船小甲

江淮衛風字三十四號快船小甲

濟川衛雨字三十四號快船小甲

江淮衛泰字四十號馬船小甲

濟川衛安字四十號馬船小甲

江淮衛風字三十五號快船小甲

濟川衛雨字三十五號快船小甲

江淮衛泰字四十一號馬船小甲

濟川衛安字四十一號馬船小甲

江淮衛風字三十六號快船小甲

濟川衛雨字三十六號快船小甲

江淮衛泰字四十二號馬船小甲

濟川衛安字四十二號馬船小甲

江淮衛風字三十七號快船小甲

濟川衛雨字三十七號快船小甲

江淮衛泰字四十三號馬船小甲

濟川衛安字四十三號馬船小甲

江淮衛調字八號平船小甲

濟川衛順字八號平船小甲

江淮衛泰字四十四號馬船小甲

濟川衛安字四十四號馬船小甲

江淮衛風字三十八號快船小甲

濟川衛雨字三十八號快船小甲

江淮衛泰字四十五號馬船小甲

濟川衛安字四十五號馬船小甲

江淮衛風字三十九號快船小甲

濟川衛雨字三十九號快船小甲

江淮衛泰字四十六號馬船小甲

濟川衛安字四十六號馬船小甲

江淮衛國字八號大馬船小甲
濟川衛民字八號大馬船小甲
江淮衛風字四十號快船小甲
濟川衛雨字四十號快船小甲
江淮衛泰字四十七號馬船小甲
濟川衛安字四十七號馬船小甲
江淮衛風字四十一號快船小甲
濟川衛雨字四十一號快船小甲
江淮衛泰字四十八號馬船小甲

濟川衛安字四十八號馬船小甲
江淮衛風字四十二號快船小甲
濟川衛雨字四十二號快船小甲
江淮衛泰字四十九號馬船小甲
濟川衛安字四十九號馬船小甲
江淮衛調字九號平船小甲
濟川衛順字九號平船小甲
江淮衛泰字　五十號馬船小甲
濟川衛安字　五十號馬船小甲

江淮衛風字四十三號快船小甲
濟川衛兩字四十三號快船小甲
江淮衛泰字五十一號馬船小甲
濟川衛安字五十一號馬船小甲
江淮衛風字四十四號快船小甲
濟川衛兩字四十四號快船小甲
江淮衛泰字五十二號馬船小甲
濟川衛安字五十二號馬船小甲
江淮衛風字四十五號快船小甲

濟川衛雨字四十五號快船小甲
江淮衛泰字五十三號馬船小甲
濟川衛安字五十三號馬船小甲
江淮衛風字四十六號快船小甲
濟川衛雨字四十六號快船小甲
江淮衛泰字五十四號馬船小甲
濟川衛安字五十四號馬船小甲
江淮衛風字四十七號快船小甲
川衛雨字四十七號快船小甲

江淮衛國字十　號大馬船小甲
濟川衛民字十三號大馬船小甲
江淮衛調字十號平船小甲
濟川衛順字十號平船小甲
江淮衛泰字五十五號馬船小甲
濟川衛安字五十五號馬船小甲
江淮衛風字四十八號快船小甲
濟川衛雨字四十八號快船小甲
江淮衛泰字五十六號馬船小甲

濟川衛安字五十六號馬船小甲
江淮衛風字四十九號快船小甲
濟川衛雨字四十九號快船小甲
江淮衛泰字五十七號馬船小甲
濟川衛安字五十七號馬船小甲
江淮衛風字五十號快船小甲
濟川衛雨字五十號快船小甲
江淮衛泰字五十八號馬船小甲
濟川衛安字五十八號馬船小甲

江淮衛風字五十一號快船小甲
濟川衛雨字五十一號快船小甲
江淮衛泰字五十九號馬船小甲
濟川衛安字五十九號馬船小甲
江淮衛風字五十二號快船小甲
濟川衛雨字五十二號快船小甲
江淮衛泰字六十號馬船小甲
濟川衛安字六十號馬船小甲
江淮衛調字十一號平船小甲

濟川衛順字十一號平船小甲
江淮衛泰字六十一號馬船小甲
濟川衛安字六十一號馬船小甲
江淮衛風字五十三號快船小甲
濟川衛雨字五十三號快船小甲
江淮衛泰字六十二號馬船小甲
濟川衛安字六十二號馬船小甲
江淮衛風字五十四號快船小甲
川衛雨字五十四號快船小甲

江淮衛國字十三號大馬船小甲
濟川衛民字十四號大馬船小甲
江淮衛泰字六十三號馬船小甲
濟川衛安字六十三號馬船小甲
江淮衛風字五十五號快船小甲
濟川衛雨字五十五號快船小甲
江淮衛泰字六十四號馬船小甲
濟川衛安字六十四號馬船小甲
江淮衛風字五十六號快船小甲

濟川衛兩字五十六號快船小甲
江淮衛泰字六十五號馬船小甲
濟川衛安字六十五號馬船小甲
江淮衛風字五十七號快船小甲
濟川衛兩字五十七號快船小甲
江淮衛泰字六十六號馬船小甲
濟川衛安字六十六號馬船小甲
江淮衛調字十二號平船小甲
濟川衛順字十二號平船小甲

江淮衛泰字六十七號馬船小甲

濟川衛安字六十七號馬船小甲

江淮衛風字五十八號快船小甲

濟川衛雨字五十八號快船小甲

江淮衛泰字六十八號馬船小甲

濟川衛安字六十八號馬船小甲

江淮衛風字五十九號快船小甲

濟川衛雨字五十九號快船小甲

江淮衛泰字六十九號馬船小甲

濟川衛安字六十九號馬船小甲

江淮衛風字六十號快船小甲

濟川衛雨字六十號快船小甲

江淮衛泰字七十號馬船小甲

濟川衛安字七十號馬船小甲

江淮衛風字六十一號快船小甲

濟川衛雨字六十一號快船小甲

江淮衛泰字七十一號馬船小甲

濟川衛安字七十一號馬船小甲

江淮衛國字十四號大馬船小甲
濟川衛民字十五號大馬船小甲
江淮衛泰字七十二號馬船小甲
濟川衛安字七十二號馬船小甲
江淮衛調字十三號平船小甲
濟川衛順字十三號平船小甲
江淮衛泰字七十三號馬船小甲
濟川衛安字七十三號馬船小甲
江淮衛風字六十二號快船小甲

濟川衛雨字六十二號快船小甲
江淮衛泰字七十四號馬船小甲
濟川衛安字七十四號馬船小甲
江淮衛風字六十三號快船小甲
濟川衛雨字六十三號快船小甲
江淮衛泰字七十五號馬船小甲
濟川衛安字七十五號馬船小甲
萬曆四十年七月　初一　日主事祁

第三桊

江淮衛泰字七十六號馬船小甲

濟川衛安字七十六號馬船小甲

江淮衛風字六十四號快船小甲

濟川衛雨字六十四號快船小甲

江淮衛泰字七十七號馬船小甲

濟川衛安字七十七號馬船小甲

江淮衛風字六十五號快船小甲

濟川衛雨字六十五號快船小甲

江淮衛泰字七十八號馬船小甲
濟川衛安字七十八號馬船小甲
江淮衛風字六十六號快船小甲
濟川衛雨字六十六號快船小甲
江淮衛泰字七十九號馬船小甲
濟川衛安字七十九號馬船小甲
江淮衛風字六十七號快船小甲
濟川衛雨字六十七號快船小甲
江淮衛泰字八十號馬船小甲

濟川衛安字八十號馬船小甲
江淮衛風字六十八號快船小甲
濟川衛雨字六十八號快船小甲
江淮衛泰字八十一號馬船小甲
濟川衛安字八十二號馬船小甲
江淮衛調字十四號平船小甲
濟川衛順字十四號平船小甲
江淮衛泰字八十二號馬船小甲
濟川衛安字八十二號馬船小甲

江淮衛風字六十九號快船小甲

濟川衛雨字六十九號快船小甲

江淮衛泰字八十三號馬船小甲

濟川衛安審八十三號馬船小甲

江淮衛風字七十號快船小甲

濟川衛雨字七十號快船小甲

江淮衛泰字八十四號馬船小甲

濟川衛安字八十四號馬船小甲

江淮衛國字十五號大馬船小甲

濟川衛民字十六號大馬船小甲
江淮衛風字七十一號快船小甲
濟川衛兩字七十一號快船小甲
江淮衛泰字八十五號馬船小甲
濟川衛安字八十五號馬船小甲
江淮衛風字七十二號快船小甲
濟川衛兩字七十二號快船小甲
江淮衛泰字八十六號馬船小甲
濟川衛安字八十六號馬船小甲

江淮衛風字七十三號快船小甲
濟川衛雨字七十三號快船小甲
江淮衛泰字八十七號馬船小甲
濟川衛安字八十七號馬船小甲
江淮衛調字十五號平船小甲
濟川衛順字十五號平船小甲
江淮衛泰字八十八號馬船小甲
濟川衛安字八十八號馬船小甲
江淮衛風字七十四號快船小甲

濟川衛雨字七十四號快船小甲
江淮衛泰字八十九號馬船小甲
濟川衛安字八十九號馬船小甲
江淮衛風字七十五號快船小甲
濟川衛雨字七十五號快船小甲
江淮衛泰字九十號馬船小甲
濟川衛安字九十號馬船小甲
江淮衛風字七十六號快船小甲
濟川衛雨字七十六號快船小甲

撫船事宜

江淮衛泰字九十一號馬船小甲

濟川衛安字九十一號馬船小甲

江淮衛風字七十七號快船小甲

濟川衛雨字七十七號快船小甲

江淮衛泰字九十三號馬船小甲

濟川衛安字九十二號馬船小甲

江淮衛風字七十八號快船小甲

濟川衛雨字七十八號快船小甲

江淮衛國字十六號大馬船小甲

濟川衛民字十七號大馬船小甲
江淮衛調字十六號平船小甲
濟川衛順字十六號平船小甲
江淮衛泰字九十三號馬船小甲
濟川衛安字九十三號馬船小甲
江淮衛風字七十九號快船小甲
濟川衛兩字七十九號快船小甲
江淮衛泰字九十四號馬船小甲
濟川衛安字九十四號馬船小甲

江淮衛風字八十號快船小甲

濟川衛雨字八十號快船小甲

江淮衛泰字九十五號馬船小甲

濟川衛安字九十五號馬船小甲

江淮衛風字八十一號快船小甲

濟川衛雨字八十一號快船小甲

江淮衛泰字九十六號馬船小甲

濟川衛安字九十六號馬船小甲

江淮衛風字八十二號快船小甲

濟川衛雨字八十二號快船小甲
江淮衛泰字九十七號馬船小甲
濟川衛安字九十七號馬船小甲
江淮衛風字八十三號快船小甲
濟川衛雨字八十三號快船小甲
江淮衛泰字九十八號馬船小甲
濟川衛安字九十八號馬船小甲
江淮衛調字十七號平船小甲
濟川衛順字十七號平船小甲

江淮衛泰字九十九號馬船小甲
濟川衛安字九十九號馬船小甲
江淮衛風字八十四號快船小甲
濟川衛雨字八十四號快船小甲
江淮衛泰字一百號馬船小甲
濟川衛安字一百號馬船小甲
江淮衛風字八十五號快船小甲
濟川衛雨字八十五號快船小甲
江淮衛國字十七號大馬船小甲

濟川衛民字十八號大馬船小甲
江淮衛泰字一百一號馬船小甲
濟川衛安字一百一號馬船小甲
江淮衛風字八十六號快船小甲
濟川衛雨字八十六號快船小甲
江淮衛泰字一百二號馬船小甲
濟川衛安字一百二號馬船小甲
江淮衛風字八十七號快船小甲
濟川衛雨字八十七號快船小甲

江淮衛泰字一百三號馬船小甲

濟川衛安字一百三號馬船小甲

江淮衛風字八十八號快船小甲

濟川衛雨字八十八號快船小甲

江淮衛泰字一百四號馬船小甲

濟川衛安字十百四號馬船小甲

江淮衛調字二十八號平船小甲

濟川衛順字一十八號平船小甲

江淮衛泰字一百五號馬船小甲

濟川衛安字一百五號馬船小甲
江淮衛風字八十九號快船小甲
濟川衛雨字八十九號快船小甲
江淮衛泰字一百六號馬船小甲
濟川衛安字一百六號馬船小甲
江淮衛風字九十號快船小甲
濟川衛雨字九十號快船小甲
江淮衛泰字一百七號馬船小甲
濟川衛安字一百七號馬船小甲

江淮衛風字九十一號快船小甲
濟川衛雨字九十一號快船小甲
江淮衛泰字一百八號馬船小甲
濟川衛安字一百八號馬船小甲
江淮衛風字九十二號快船小甲
濟川衛雨字九十二號快船小甲
江淮衛泰字一百九號馬船小甲
濟川衛安字一百九號馬船小甲
江淮衛國字十八號大馬船小甲

濟川衛民字十九號大馬船小甲
江淮衛泰字一百十號馬船小甲
濟川衛安字一百十號馬船小甲
江淮衛調字十九號平船小甲
濟川衛順字十九號平船小甲
江淮衛泰字一百十一號馬船小甲
濟川衛安字一百十一號馬船小甲
江淮衛風字九十三號快船小甲
濟川衛雨字九十三號快船小甲

江淮衛泰字一百十二號馬船小甲
濟川衛安字一百十二號馬船小甲
江淮衛風字九十四號快船小甲
濟川衛雨字九十四號快船小甲

第四案

江淮衛泰字一百十三號馬船小甲
濟川衛安字一百十三號馬船小甲
江淮衛風字九十五號快船小甲
濟川衛雨字九十五號快船小甲

江淮衛泰字一百十四號馬船小甲
濟川衛安字一百十四號馬船小甲
江淮衛風字九十六號快船小甲
濟川衛雨字九十六號快船小甲
江淮衛泰字一百十五號馬船小甲
濟川衛安字一百十五號馬船小甲
江淮衛風字九十七號快船小甲
濟川衛雨字九十七號快船小甲
江淮衛泰字一百十六號馬船小甲

濟川衛安字一百十六號馬船小甲

江淮衛風字九十八號快船小甲

濟川衛雨字九十八號快船小甲

江淮衛泰字一百十七號馬船小甲

濟川衛安字一百十七號馬船小甲

江淮衛風字九十九號快船小甲

濟川衛雨字九十九號快船小甲

江淮衛泰字一百十八號馬船小甲

濟川衛安字一百十八號馬船小甲

江淮衛調字二十號平船小甲

濟川衛順字二十號平船小甲

江淮衛泰字一百廿九號馬船小甲

濟川衛安字一百十九號馬船小甲

江淮衛風字一百號快船小甲

濟川衛雨字一百號快船小甲

江淮衛泰字一百二十號馬船小甲

濟川衛安字一百二十號馬船小甲

江淮衛風字一百一號快船小甲

濟川衛雨字一百一號快船小甲

江淮衛泰字一百二十一號馬船小甲

濟川衛安字一百二十一號馬船小甲

江淮衛國字十九號大馬船小甲

濟川衛民字二十號大馬船小甲

江淮衛風字一百二號快船小甲

濟川衛雨字一百二號快船小甲

江淮衛泰字一百二十二號馬船小甲

濟川衛安字一百二十二號馬船小甲

江淮衛風字一百三號快船小甲
濟川衛雨字一百三號快船小甲
江淮衛泰字一百二十三號馬船小甲
濟川衛安字一百二十三號馬船小甲
江淮衛風字一百四號快船小甲
濟川衛雨字一百四號快船小甲
江淮衛泰字一百二十四號馬船小甲
濟川衛安字一百二十四號馬船小甲
江淮衛調字二十一號平船小甲

濟川衛順字二十一號平船小甲
江淮衛泰字一百二十五號馬船小甲
濟川衛安字一百二十五號馬船小甲
江淮衛風字一百五號快船小甲
濟川衛雨字一百五號快船小甲
江淮衛泰字一百二十六號馬船小甲
濟川衛安字一百二十六號馬船小甲
江淮衛風字一百六號快船小甲
濟川衛雨字一百六號快船小甲

江淮衛泰字一百二十七號馬船小甲

濟川衛安字一百二十七號馬船小甲

江淮衛風字一百七號快船小甲

濟川衛雨字一百七號快船小甲

江淮衛泰字一百二十八號馬船小甲

濟川衛安字一百二十八號馬船小甲

江淮衛風字一百八號快船小甲

濟川衛雨字一百八號快船小甲

江淮衛泰字一百二十九馬船小甲

濟川衛安字一百二十九號馬船小甲
江淮衛風字一百九號快船小甲
濟川衛雨字一百九號快船小甲
江淮衛國字二十一號大馬船小甲
濟川衛民字二十一號大馬船小甲
江淮衛調字二十二號平船小甲
濟川衛順字二十二號平船小甲
江淮衛泰字一百三十號馬船小甲
濟川衛安字一百三十號馬船小甲

江淮衛風字一百十號快船小甲

濟川衛雨字一百十號快船小甲

江淮衛泰字一百三十一號馬船小甲

濟川衛安字一百三十一號馬船小甲

江淮衛風字一百十一號快船小甲

濟川衛雨字一百十一號快船小甲

江淮衛泰字一百三十二號馬船小甲

濟川衛安字一百三十二號馬船小甲

江淮衛風字一百十二號快船小甲

濟川衛雨字一百十二號快船小甲
江淮衛泰字一百三十三號馬船小甲
濟川衛安字一百三十三號馬船小甲
江淮衛風字一百十三號快船小甲
濟川衛雨字一百十三號快船小甲
江淮衛泰字一百三十四號馬船小甲
濟川衛安字一百三十四號馬船小甲
江淮衛風字一百十四號快船小甲
濟川衛雨字一百十四號快船小甲

江淮衛泰字一百三十五號馬船小甲
濟川衛安字一百三十五號馬船小甲
江淮衛調字二十三號平船小甲
濟川衛順字二十三號平船小甲
江淮衛泰字一百三十六號馬船小甲
濟川衛安字一百三十六號馬船小甲
江淮衛風字一百十五號快船小甲
濟川衛雨字一百十五號快船小甲
江淮衛泰字一百三十七號馬船小甲

濟川衛安字一百三十七號馬船小甲

江淮衛風字一百十六號快船小甲

濟川衛雨字一百十六號快船小甲

江淮衛國字二十二號大馬船小甲

濟川衛民字二十二號大馬船小甲

江淮衛泰字一百三十八號馬船小甲

濟川衛安字一百三十八號馬船小甲

江淮衛風字一百十七號快船小甲

濟川衛雨字一百十七號快船小甲

江淮衛泰字一百三十九號馬船小甲
濟川衛安字一百三十九號馬船小甲
江淮衛風字一百十八號快船小甲
濟川衛雨字一百十八號快船小甲
江淮衛泰字一百四十號馬船小甲
濟川衛安字一百四十號馬船小甲
江淮衛風字一百十九號快船小甲
濟川衛雨字一百十九號快船小甲
江淮衛泰字一百四十一號馬船小甲

濟川衛安字一百四十一號馬船小甲

江淮衛調字二十四號平船小甲

濟川衛順字二十四號平船小甲

江淮衛泰字一百四十二號馬船小甲

濟川衛安字一百四十二號馬船小甲

江淮衛風字一百二十號快船小甲

濟川衛雨字一百二十號快船小甲

江淮衛泰字一百四十三號馬船小甲

濟川衛安字一百四十三號馬船小甲

江淮衛風字一百二十一號快船小甲
濟川衛雨字一百二十一號快船小甲
江淮衛泰字一百四十四號馬船小甲
濟川衛安字一百四十四號馬船小甲
江淮衛風字一百二十二號快船小甲
濟川衛雨字一百二十二號快船小甲
江淮衛泰字一百四十五號馬船小甲
濟川衛安字一百四十五號馬船小甲
江淮衛風字一百二十三號快船小甲

濟川衛雨字一百二十三號快船小甲
江淮衛泰字一百四十六號馬船小甲
濟川衛安字一百四十六號馬船小甲
江淮衛國字二十三號大馬船小甲
濟川衛民字二十四號大馬船小甲
江淮衛泰字一百四十七號馬船小甲
濟川衛安字一百四十七號馬船小甲
江淮衛調字二十五號馬船小甲
濟川衛順字二十五號馬船小甲

江淮衛泰字一百四十八號馬船小甲

濟川衛安字一百四十八號馬船小甲

江淮衛風字一百二十四號快船小甲

濟川衛雨字一百二十四號快船小甲

江淮衛泰字一百四十九號馬船小甲

濟川衛安字一百四十九號馬船小甲

江淮衛風字一百二十五號快船小甲

濟川衛雨字一百二十五號快船小甲

江淮衛泰字一百五十號馬船小甲

撥船事宜

濟川衛安字一百五十號馬船小甲

萬曆四十年九月　日編定

南京兵部車駕清吏司為船政事叁拾玖年陸月
拾陸日准兵部車駕司手本內開南京差來馬快
船隻專一在灣聽候不時緩急之用責最鉅也長
差守駕陸月短差守駕壹月限滿即回此成例也
近查前項船隻多屬奸猾疲軍領駕甚有在灣延
捱數年者如韓文德叁拾柒年差裝大木姚讃等
叁拾捌年差裝肥皂至灣柴米罄盡屢逐未回及
將船內器具盡行拆賣又如聶應科饒榮不赴投
到棄船逃回以致船隻被盜拆毀又查長差馬鑾

鄭忠李榮等船票未投徑自逃回此數甲者均應
嚴行究處以警效尤其韓文德等船隻合另僉殷
實甲役前來接駕以免疎失且
福王之國在邇前項船隻最為喫緊若不預行議處
恐臨期未免悞事彼此未便相應移會等因復於
本年拾貳月初陸日續准該司手本為異常奸甲
棄船逃回事據大通關申稱濟川衛小甲陳文科
差裝龍衣往北並不到關投驗訪因私債告追徑
自容行棄船回去脫逃未獲等情又為中途故甲

速行接駕事申稱濟川衛小甲夏璧光於叁拾捌
年差裝器皿行至中途本甲病故伊弟夏璧選頂
人撐棧到灣器具盡無到灣時懼罪躲避各等情
具由到司據此看得陳文科等棄船逃回船內器
具盡無奸猾已甚合行嚴緝究治以警將來仍速
令家屬人等并另僉殷實小甲星夜前來接駕回
南再照邇來法紀廢弛人情玩愒一切奸頑船甲
有抵灣而不赴部投到者有投到而不依限領票
者有領票而不即駕回南者任意遷延到處攬載

以致貲粮罄盡駕運不前甚且晄迯病故棄船于長流巨浪之中風飄雨灡盜賊交侵日久損壞勢所不免及至估計變賣而餘板無幾多者柒捌兩少者伍陸兩本部行該關復行張灣守備而初估再估申呈相同本部安能就水濵而一一問之耶夫一船之造所費不貲而屢經損壞俱歸烏有如去年陳坤等船隻此往事之可鑑者也若非嚴為申飭處置得宜奸弊相仍損壞踵至其為船敵之累豈渺小哉以後僉撥船甲務擇家道殷實丁口

衆多者責以連坐之法牽其内顧之念事竣回南
各依期限庶人不至逃亡而船亦可免損失矣為
此合用手本前去南京兵部車駕清吏司煩為查
照施行等因准此該本部船政主事祁　會同
署員外郎事主事鄒　議得立法固貴于詳明
事權宜酌其操縱故以近及遠則當有駕御之方
合渙為同則自有聯屬之道今查本司船隻總計
黄船快船共陸百玖拾陸隻而每案見修聽差者
則壹百伍拾餘隻耳使其一往而一回在差多之

時猶若于捉衿露肘之狀乃至于屢差而屢失即見在之舟寧堪此日消月損之情如陳文科則以棄船逃矣王和則以拆船賣矣韓文德則盡賣船中之器具而委之中途矣又有聶應科者投身梭門而委官船于群盜之手翁萬貴者逗留中途而裝貨物于天津之閒至如尹栢者又私載一將官而以

貢舫為鄭傳之資矣此皆等法紀于弁髦而視官舫為戲具又豈有意外之不測而困疲不堪之情乎

夫亦以千里之外三尺不能以頃刻而加雖鞭之
長不及馬腹故得以肆無忌憚至此耳今欲使操
縱由我駕御有方而令各甲之在途猶其在塢也
則惟有連坐互結之法而欲行連坐互結之法則
必使之利害與共休戚相關而後可合無此後凡
遇出差之船酌其多寡分以幫次大槩以拾隻為
兩幫不及拾隻者不必分幫總為一甲其各甲卽
于撥船之時行令該廠認定幫次編為字號至于
認幫之際量從船甲願相共事者以便其同濟之

情然亦有素行不諧衆而人所不顧同幫者則本司臨期喚集同行之人從公鬮撥既定之後凡一幫之中自發銀以及找支務各互相覺察倘有以錢糧私抵別用致悞船中公務者許令同幫即時呈舉其在途之時萬一有意外之虞則一船失事各船合力救援即抵灣之後如已完所守之限則各船南回一船不許獨留撥差之時每幫另給總批一張與勘合一齊投部仍移手本知會北京兵部車駕司每發勘合之時必據總批一幫同發不

聽參差各領務必一幫之中往則同往回則同回如果船有損失則同幫共為車救即使人力不前亦各船量助撐駕俟到塢之後通查車救過工食若干撐駕過工食若干即將本船應支接船銀兩分給同幫倘有不敷則於本船應領水夫月粮酌數扣給蓋向來差船不歸總於通船水夫津貼同接今藉衆援而免跋涉即水夫亦為便甚矣至有使垂危之舟全璧歸塢則又于各船違限之罰量從減免以示優恤如使其互相容隱而托言于不

測之天數或袖手傍觀而漫委于他人之責任則自有連坐之法在一船失事即將同幇接船之銀各扣其半以抵修造之用如有通同作弊者仍一體治罪如此則所謂同舟而遇風胡越可使為左右手也況其生于斯長于斯同事于斯者乎盖以一舟之力援一舟則難而以衆舟之力援一舟則易也以一人之心作一姧則易而欲以衆人之心狥一人則難也此于利害相關之中有運臂使指之勢而於衆寡均調之道寓聯絡駕御之方其於

船政或少補乎至於稽察修造之工程而預計于未差之先蠲除關津之苛察而體恤于既差之後及選夫補甲撥差等事又當從長細酌盡絶弊端

職等未敢擅便理合具揭禀

請批示仍移咨兵部一體查酌施行須至揭帖者奉

堂批　凡下人之欺上者雖在前後左右尚慮不免况差船遠出幾千里之外者乎即今欲議駕御之方無如連坐互結之法而欲行連坐互結之法則必使利害休戚相共而後可以合涣為同揭中發

明此意甚為詳悉而至于嚴覈修造工程蠲除關津苛察皆為喫緊要務如此作用庶幾各甲在途猶其在塢其于船政不大有補助耶然非自今以後着實舉行併將來任事者相信相依永久不變不能以臻大効也如議速行

萬曆肆拾年正月　十九　日主事祁

浙海鈔關徵收税銀則例

浙海鈔關徵收税銀則例

一卷

〔清〕佚名 修

清康熙刻本

浙海鈔關徵收稅銀則例

計開

錦緞羅綾紗紬縐綿線布葛蔴類

粧花蟒緞上者每疋　稅銀貳錢

中者每疋　稅銀壹錢伍分

下者每疋　稅銀壹錢

各色錦緞每疋　稅銀壹錢伍分

金蟒紗每疋　稅銀壹錢伍分

栁條錦片金倭緞每疋　稅銀捌分

嘉興錦上者每疋　稅銀陸分
中者每疋　稅銀肆分
闊補緞每疋　稅銀陸分
緞上者每疋　稅銀壹錢
中者每疋　稅銀柒分
下者每疋　稅銀肆分
羅上者每疋　稅銀貳分伍厘
中者每疋　稅銀壹分捌厘
下者每疋　稅銀壹分貳厘

綾上者每疋　稅銀貳分□

中者每疋　稅銀貳分伍厘

下者每疋　稅銀壹分柒厘

杭膠紗上者每疋　稅銀壹分柒厘

中者每疋　稅銀壹分肆厘

下者每疋　稅銀玖厘

縐紗軟紗上者每疋　稅銀貳分

中者每疋　稅銀壹分伍厘

下者每疋　稅銀壹分

絹上者每疋　稅銀壹分伍厘
中者每疋　稅銀壹分
下者每疋　稅銀捌厘
廣紗每疋　稅銀陸分
倣廣紗每疋　稅銀叁分
剪絨姑絨每疋　稅銀陸分
春紬大紡紬甌紬每疋　稅銀貳分伍厘
綾機紬小紡紬每疋　稅銀壹分伍厘
廣線紬每疋　稅銀陸分

綫紬每疋　稅銀伍分

綺羅每疋　稅銀叁分

花素縐紬秋羅每疋　稅銀壹分捌厘

屯絹每疋　稅銀貳分伍厘

大潞紬上寧紬每疋　稅銀叁分

中潞紬中寧紬每疋　稅銀貳分伍厘

繭紬每疋　稅銀肆分

土絲紬黃石串絹畫絹每疋　稅銀壹分

稅銀壹分

蘭布羅布每疋　稅銀壹分
納織布每疋　稅銀肆分
眉公布每疋　稅銀壹分伍厘
雲布綵布每疋　稅銀貳分
綿紬每疋　稅銀壹分伍厘
焦布每疋　稅銀壹分貳厘
斜文布細梭布每拾疋　稅銀伍分
色梭布青福生布每拾疋　稅銀陸分
麁布小苧布細蘇布每拾疋　稅銀叄分

廣葛布每疋　稅銀叁分
葛布上者每拾疋　稅銀貳錢
中者每拾疋　稅銀壹錢
下者每拾疋　稅銀伍分
中串布每拾疋　稅銀肆分
小串布每拾疋　稅銀貳分
大苧布每拾疋　稅銀陸分
黄草葛每拾疋　稅銀壹分伍厘
生苧布麄蔴布每拾疋　稅銀貳分

上絲每百觔　稅銀壹兩捌錢
中絲每百觔　稅銀壹兩肆錢
土絲每百觔　稅銀柒錢
湖綿每百觔　稅銀捌錢
木棉紗每百觔　稅銀壹錢貳分
蠶繭絲吐淨棉花苧蔴紗每百觔　稅銀捌分
繭黃帶子棉花苧蔴葛蔴川蔴每百觔　稅銀肆分
金線絨線緯每拾觔　稅銀貳錢
生絲線每拾觔　稅銀壹錢肆分

苧線每拾觔　稅銀貳分
黃蔴蒙蔴每百觔　稅銀壹分伍厘
絡蔴每百觔　稅銀壹分
錦被每牀　稅銀貳分伍厘
緞被每牀　稅銀貳分陸厘
草錦被每牀　稅銀壹分伍厘
緞褥每牀　稅銀貳分陸厘
鬏髻紗每拾段　稅銀叁分
錦緞綾手帕每百方　稅銀貳錢

皂包頭每百個小者兩方作一方　稅銀壹錢伍分

綢紗帽每百頂　稅銀捌分

綾紬綢紗汗巾每百條　稅銀壹錢伍分

絹汗巾每百條　稅銀肆分

緞靴每拾雙　稅銀壹錢貳分

緞襪每百雙　稅銀陸錢

緞羅紬紗絲鞋每百雙　稅銀壹錢伍分

緞護膝每百副布者叁副作壹副　稅銀貳分

大絲腰帶絲縧每百條小者伍副作壹[illegible]　稅銀貳錢

線帶每拾觔　稅銀貳錢
洒線紗羅帳每牀　稅銀陸分
洒線紗羅帳幔每牀　稅銀叁分
紗羅綃帳每牀　稅銀叁分
紗羅帳幔每牀　稅銀壹分貳厘
洒線門簾每條　稅銀貳分
洒線桌圍座褥每塊　稅銀壹分伍厘
布被褥每牀　稅銀壹分伍厘
布手巾每百條　稅銀肆分

布枕每百個　稅銀捌分

布靴每拾雙　稅銀肆分

布襪每百雙　稅銀叁錢

布鞋每百雙　稅銀壹錢

棉紗頭繩每百觔　稅銀肆錢

棉紗帶棉紗線被囊搭連每百觔　稅銀叁錢

顏料膠漆類

石青每拾觔　稅銀伍錢

硃砂銀硃每百觔　稅銀壹兩叁錢

碌青每百觔　稅銀壹兩貳錢

酥合油每百觔　稅銀壹兩貳錢

輕粉水銀每百觔　稅銀壹兩叁錢

油胭脂每拾觔　稅銀壹錢貳分

乾胭脂每百片　稅銀貳分

蘇木上者中者下者每百觔　稅銀貳錢壹錢伍分壹錢

紅花每百觔　稅銀叁錢

紫粉鉛粉靛花每百觔　稅銀壹錢伍分

藤黃每百觔　稅銀陸錢

黃丹每百觔　稅銀壹錢肆分
漆綠每百觔　稅銀捌錢
飛丹每百觔　稅銀貳錢
紫梗每百觔　稅銀壹錢貳分
銅青銅綠每百觔　稅銀肆錢
土紅木每百觔　稅銀壹錢
紫草五棓子每百觔　稅銀陸分
乾靛青每百觔　稅銀叁分柒厘
土靛青每百觔　稅銀貳分肆厘

熊子綠烏梅皮屑每百觔　稅銀叁分

水靛青每百觔　稅銀貳分捌厘

槐花黃蘆木瀝青土硝明皂白綠礬每百觔　稅銀貳分

土紅每百觔　稅銀壹分陸厘

土粉每百觔　稅銀壹分

廣膠每百觔　稅銀貳錢

牛皮水膠每百觔　稅銀肆分

生漆每百觔　稅銀伍錢

熟漆每百觔　稅銀貳錢柒分

銅鐵錫鉛類

白銅每百觔　稅銀壹兩

青銅每百觔　稅銀肆錢

響銅紅銅每百觔　稅銀叁錢伍分

黃銅熟銅每百觔　稅銀叁錢

生銅廢銅每百觔　稅銀壹錢伍分

銅鎖銅葉每百觔　稅銀陸錢

銅絲熟銅器每百觔　稅銀伍錢

生銅器鋼鐵鐵線針條鐵鍋每百觔　稅銀貳錢

錫器黑鉛每百觔　稅銀貳錢

荒條鐵生鐵生鐵器每百觔　稅銀貳分

倭錫每百觔　稅銀伍錢

倭鉛每百觔　稅銀壹錢

㾜錫每百觔　稅銀壹錢伍分

剪刀每百把　稅銀壹錢

熟鐵器每百觔　稅銀伍分

鐵針每千根　稅銀貳分

磁器紙箔瓦缸鉢類

大碗每拾筒　稅銀壹錢
中碗每拾筒　稅銀肆分
小碗每拾筒　稅銀壹分貳厘
盤子每拾筒　稅銀貳分陸厘
碟子每拾筒以上每筒拾個　稅銀壹分伍厘
香爐花瓶每拾個　稅銀肆分
茶鍾每百筒　稅銀玖分肆厘
酒鍾每千個　稅銀肆分
建磁器每百個　稅銀貳錢

建土碗每百筒 每筒拾個　稅銀[illegible]分

水盂每百副　稅銀貳分陸厘

磁壺花盆每百個　稅銀肆分

連四紙榜紙每千張　稅銀陸分肆厘

青紅紙每塊　稅銀肆分

大油紙每百張　稅銀肆分

大油紙坯每百張　稅銀貳分

小油紙每千張　稅銀貳分

白鹿奏本紙每塊陸把　稅銀貳分捌厘

本紅紙三色紙每塊 稅銀貳分
大高紙每拾塊 稅銀壹錢陸分
中高紙每拾塊 稅銀捌分
小高紙每拾塊 稅銀肆分
太史連竹紙每拾塊 稅銀陸分
表箋紙書賤紙每百張 稅銀叁分
連七紙每塊 稅銀壹分陸厘
大毛邊紙每千張 稅銀肆分
中毛邊紙每千張 稅銀叁分

小毛邊紙每千張　稅銀貳分
烏金沙紙每千張　稅銀捌厘
備貢紙每拾塊　稅銀肆分
斗方紙每拾塊　稅銀貳分
草紙每拾塊　稅銀壹分肆厘
大紅全柬每百個　稅銀貳分肆厘
白全柬每百個　稅銀壹分肆厘
古柬封筒每千個　稅銀壹分陸厘
單帖紅簽每千個　稅銀肆厘

無紙水錫箔每百觔　稅銀貳錢
羊皮金每百張　稅銀壹錢貳分
大金箔每百帙　稅銀陸分
小金箔每百帙　稅銀叁分
紙錫箔每百觔　稅銀壹錢
尾金每百張　稅銀壹分貳厘
熏金銀箔每千帙　稅銀陸分
草紙花每千枝　稅銀陸分
酒罈宜興罐每百個　稅銀肆分

缸每拾隻　稅銀叁分

竈缸每百隻　稅銀陸分

酒瓶每千個　稅銀肆分

烏盆每百個　稅銀壹分貳厘

土鉢砂罐火盆每千個　稅銀捌分

醃鮮牲畜野味皮張毛角類

醃豬羊每百觔　稅銀肆分

火腿每百觔　稅銀捌分

大牛每隻　稅銀壹錢

中牛每隻　稅銀柒分

小牛每隻　稅銀肆分

毛猪羊每口　稅銀壹分陸厘

中猪羊每口　稅銀壹分貳厘

乳猪羊每拾口　稅銀肆分

活鵝每百隻　稅銀貳錢

活鷄鴨每百隻　稅銀壹錢

鴨鷄蛋每千個　稅銀肆分

鹿筋每百觔　稅銀貳錢

牛觔蹄觔每百觔　稅銀捌分

兎每百隻　稅銀伍分

獐鹿每百觔　稅銀叁分

上等貂皮每拾張　稅銀陸錢

中等貂皮每拾張　稅銀肆錢貳分

下等貂皮每拾張　稅銀叁錢

銀鼠皮每百張　稅銀捌錢

灰鼠皮每百張　稅銀肆錢

豹皮虎皮每張　稅銀壹錢

熟麂皮每拾張　稅銀陸分

水獺皮狐皮每張　稅銀貳分

生麂皮每拾張　稅銀肆分

熟麅皮每拾張　稅銀陸分

生鹿皮每拾張　稅銀叄分

獺貛貍皮羊羔皮每拾張　稅銀叄分

熟黄牛皮每張　稅銀壹分捌厘

生黄牛皮每拾張　稅銀陸分

熟水牛皮每張　稅銀壹分貳厘

生水牛皮每拾張　稅銀捌分

紅綠直皮每張　稅銀壹分壹釐

熟斜皮每拾張　稅銀肆分

生熟驢馬騾皮每拾張　稅銀伍分

狗皮每百張　稅銀貳錢

生豬皮每百張　稅銀捌分

貓兔皮每百張　稅銀壹錢

大羊皮襖每件　稅銀叁分

羊皮套每件　稅銀壹分伍釐

馬尾每百觔　稅銀叁錢

牛尾每百觔　稅銀貳錢

羊毛每百觔　稅銀肆分

猪毛每千觔　稅銀捌分

鹿角每百觔　稅銀貳錢

牛角每百觔　稅銀壹分貳厘

羊角角屑牛羊等碎骨每百觔　稅銀壹分

雜色藥材類

人參上者中者下者每觔　参鬚每[illegible]作上参壹觔　稅銀肆錢叁錢貳錢

氷片麝香[illegible]金每觔　稅銀貳錢

黃連每百觔　稅銀貳兩零[illegible]分

石燕鹿茸每拾觔　稅銀叁錢

犀角每百觔　稅銀壹兩陸錢

蜈蚣蛇乾每百觔　稅銀壹兩伍錢

紫河車石蟹等黃[illegible]百觔　稅銀壹兩叁錢陸分

川附子每拾觔　稅銀壹錢貳分

西附子每百觔　稅銀陸錢

海馬每拾對　稅銀肆分

蘄蛇每條　稅銀壹分

沒石子　羚羊角　龜膠　阿膠　阿魏

鹿角膠　肉桂　荳蔻　肉菓　貝母

以上每百觔稅銀壹兩

丁香每百觔　稅銀貳兩

膏藥每百觔　稅銀捌錢

蘆薈象皮膽礬每百觔　稅銀肆錢

牛黃川槿皮每觔　稅銀叁錢

熊膽每觔　稅銀貳錢

枸杞每百觔、石膏每千觔　稅銀伍錢

石黄血竭兒茶每百觔　稅銀叁錢

茯苓每百觔　稅銀貳錢陸分

龍虎骨砂仁每百觔　稅銀貳錢

樟腦　當歸　川芎　羌活

以上每百觔稅銀壹錢伍分

龍膽草　兎絲子　膽星　南星、續斷　秦艽

金銀花　皂角刺　欵冬花　劉寄奴　百部　桔梗

白术　天花粉　香附　米末　陳皮　甘草

青皮　升麻　巴豆　蒼朮　大黃　半夏
地黃　門冬　檳榔　信石　細辛　荊芥
防風　薄荷　黃栢　黃芪　知母　竹茹
木通　杏仁　山梔　乾薑　芍藥　厚朴
澤瀉　豬苓　山查　天麻　前胡　紫蘇
薑黃　茱萸　烏頭　白芷　蘆甘石　皮硝
冷飯塊　海風藤　火麻仁　海螵蛸　銀柴胡　白芨
草蔻　狗脊　海石　浮萍　紫石英　白蘞
乾菊花　王不留行　[illegible]　[illegible]　勾藤　鱉甲

蟬退　龜板　黑白丑　胡連　大腹皮　剌
蒙石　乾葛　草烏　藁本　葶力　鎖陽
磁石　漏蘆　黎蘆　萆薢　地榆　訶子
斑毛　馬辛　春花　石蓮　黃白藥子　苦參
兜鈴　[illegible]鹽　滑石　木鼈　石韋　沙參
草荷車　淡竹葉　雷公藤　梧桐子　枇杷葉　硇砂
蜜陀僧　蕪荑　地膚子　蒺藜　朴硝　黃精
艾葉　甘松　三柰　昆布　骨石　石斛
三稜　光烏　常山　草仁　防巳　良薑

益志　山藥　芡實　扁荳　蓬术　川烏
石菖蒲　天麻子　蛇牀子　破故子　使君子　紫菀
五加皮　白鮮皮　車前子　栢子仁　沙草根　蒲黄
海金沙　夜明沙　巨勝子　淫羊藿　大楓子　草果
薏苡仁　五味子　山荳根　光明子　蘿蔔子　元參
蘇子　桑白皮　杜仲　桃仁　瓜蔞仁　棗仁
百合　紫蘇　藿香　白附子　豆豉　僵蠶
益母　牡蠣　連翹　蔓荆子　女貞子　茅香
地骨皮　石決明　草決明　牡丹皮　丹參　枳殼

枳實　五靈脂　王竹　葳蕤　桂枝　巴[illegible]

遠志　辛夷　千金子　川山甲　牛蒡子　黄[illegible]

金櫻子　韮菜子　白芥子　淡底　莪术　蟾酥

雜藥　以上每百觔稅銀壹錢

藤漆什物竹木柴炭類

紫檀器每百觔　稅銀玖錢

紫榆器每百觔　稅銀陸錢

花梨鐵梨器每百觔　稅銀叁錢

紫檀每百觔　稅銀伍錢

紫榆木每百觔　稅銀叁錢
花梨木烏木每百觔　稅銀壹錢伍分
篾器每百個　稅銀捌分
竹箱蝯桶每拾個　稅銀肆分
竹茶盤烘罩每百個　稅銀壹錢
竹椅每拾張　稅銀壹分貳厘
白籍藤每百觔　稅銀壹錢
黃白藤每百觔　稅銀捌分
木屐每百雙　稅銀肆分

木屐坯每百雙　稅銀貳分

梳盒算盤木杓每百個　稅銀肆分

大木魚每百個小者兩作壹　稅銀壹錢

木梳掠每百個　稅銀壹分貳厘

匾担坯每百條　稅銀貳分

涼牀衣架每張　稅銀壹分貳厘

春盛食籮每副　稅銀壹分貳厘

大屏風浴盆每拾個小者兩作壹　稅銀捌分

交椅每拾張　稅銀貳分

木天平架每拾副　稅銀壹分

提桶每拾個　稅銀肆分

漆梳具每拾個　稅銀肆分

木硯匣每拾個　稅銀貳分

漆竹絲雜木拜匣每百個　稅銀壹錢陸分

漆椀楪每百個　稅銀壹錢叁分貳厘

漆桶盤每百個　稅銀壹錢貳分

漆面盆每百個　稅銀捌分

雕漆酒盃盤竹絲盃盤每百個　稅銀肆分

漆皮箱每個　稅銀壹分貳厘
漆桌每拾張　稅銀肆分
漆盒每拾個　稅銀肆分
漆櫈每拾條　稅銀貳分
漆茶盤每拾個　稅銀貳分
漆打扇每拾把　稅銀貳分
漆邊羅扇每百把　稅銀伍分肆厘
雜色漆邊扇每百把　稅銀肆分
篾扇每百把　稅銀肆分

葵扇每百把　稅銀捌釐
油骨扇白紙扇每百把　稅銀肆分
油紙扇每百把　稅銀叁分
烏木筯每百把　稅銀壹錢貳分
雜木筯每百把　稅銀捌分
漆竹筯每把　稅銀肆分
油竹筯每把　稅銀貳分
大打傘每百把　稅銀貳錢
中傘每百把　稅銀壹錢貳分

小傘每百把　稅銀捌分

茶棗茶架每百件　稅銀陸分

燈籠每百個　稅銀貳分

車心木香栢木每百觔　稅銀貳分

[illegible]子樹牙每千根　稅銀壹分貳厘

攢盒皮箱風箱每個　稅銀壹分貳厘

小椰箱每拾個　稅銀貳分

各色木枋每百條　稅銀肆錢

沙木壽板每塊　稅銀壹錢

杉枋每塊蔴頭兩塊作壹塊　稅銀叁分
燒柴每千觔　稅銀壹分
木炭每千觔　稅銀貳分
炭屑每百擔　稅銀壹錢
松木桿每百條　稅銀壹錢伍分
松木寸板每拾丈　稅銀陸分
大毛竹每百根　稅銀陸分
小毛竹每百根　稅銀肆分
龍鬚竹每千根　稅銀捌分

大雜木每百根長壹丈徑伍陸寸者小者兩根作壹根　稅銀叁錢
大杉木每拾根長叁肆丈徑七寸以上小者兩根作壹根　稅銀陸錢
竹篾每百觔　稅銀捌分
竹片每百觔　稅銀肆分
樺皮榆樹皮末每百觔　稅銀肆分
桑樹皮榆樹皮楊梅樹皮每百觔　稅銀壹分貳厘
羢氈毯椶草竹蓆類
紅氈氈每拾條　稅銀貳錢
羢氈每拾條　稅銀壹錢叁分

羢衣每件　稅銀捌分

氊衣每件　稅銀貳分

毛褐每疋　稅銀貳分伍厘

羢大帽每百個　稅銀壹錢

氊襪膝褲每百雙　稅銀壹錢玖分

羢襪膝褲每雙　稅銀壹分壹厘

羢坐褥每塊　稅銀壹分壹厘

毛氊每拾條　稅銀肆分

氊雨籠每拾領　稅銀伍分

氈馬韂每副椶鞯每牀　稅銀壹分

氈包每拾個　稅銀壹錢

氈韈籠每拾領　稅銀捌分

羊䍽每百觔　稅銀壹錢貳分

毛線毯每條　稅銀壹分伍厘

雜毛線毯每條　稅銀壹分貳厘

椶鞋每百雙　稅銀壹錢

紅雨纓每綹黑纓貳作壹　稅銀叁分

椶線每百觔　稅銀壹錢貳分

二十三

棕索每百觔　稅銀捌分

荒棕每百觔　稅銀肆分

蒲鞋蔴鞋每百雙　稅銀叁分

草蓆每百條　稅銀陸分

蒲蓆每百條　稅銀肆分

蘆蓆桄蓆每百條　稅銀捌厘

蒲包每百個　稅銀捌厘

燈草蔥草每百觔　稅銀肆分

細篾蓆每百條　稅銀貳錢

蠶簾每百條　稅銀貳分

篾簟每百條　稅銀捌分

篾籮醬匾每百個　稅銀肆分

竹梘子每百個　稅銀捌厘

竹刷子每百個　稅銀壹分貳厘

筆管每千枝　稅銀玖厘伍毫

香椒糖蠟乾鮮果菜油麪茶酒粉類

伽楠香每壹觔沉香每貳觔　稅銀叁錢

速香每百觔　稅銀壹兩伍錢

檀香上者次者每百觔　稅銀壹兩柒錢

降香每百觔　稅銀叄錢

雲香綠香每百觔　稅銀壹錢

母丁香每觔　稅銀壹錢

乳香沒藥每百觔　稅銀壹兩

廣木香每百觔　稅銀玖錢

松栢香化香每百觔　稅銀柒分

苓苓香每百觔　稅銀壹錢

胡椒每百觔胡椒皮觔半作壹觔　稅銀[illegible]錢

牙香黃熟香每百觔	稅銀叄錢
茴香每百觔	稅銀捌分
八角大茴香每百觔	稅銀貳錢
白糖每百觔	稅銀壹錢
氷糖每百觔	稅銀壹錢貳分
白蠟每百觔	稅銀柒錢
黃蠟每百觔	稅銀叄錢伍分
燭心每拾提	稅銀肆分
蜂蜜每百觔	稅銀捌分

砂糖　餳糖　蓮鬚　棗子　李乾　番桃
蓮肉　橄欖　榧子　柿餅　栗子　核桃
菉筍　萵筍　醃香椿　醃桂花　筍乾　紅麴
酒藥　腐乳　以上每百觔稅銀肆分
甜葡萄每百觔　稅銀貳錢
枝圓每百觔　稅銀壹錢貳分
橘餅酸葡萄糖果蜜餞類每百觔　稅銀壹錢
瓜子藕粉每百觔　稅銀壹錢
佛手柑木瓜每百觔　稅銀陸分

松子　榛子　每百觔　稅銀捌分

甘蔗每百把　每把拾枝　稅銀陸分

炒米糖糕　楊梅乾　菱米　梨切　白果

鳳頭　海蒿菜　油脚　索粉　粉皮乾

以上每百觔稅銀叁分

橘子　石榴　柑子　葡萄　香圓

醬瓜　醬薑　種薑　青薑　桐子

酒麯　蘿蔔乾

以上每百觔稅銀貳分

香蕈蘑菇每百觔　稅銀叁錢

木耳黃花菜每百觔　稅銀壹錢

茨菇冬笋每百觔　稅銀壹分弍厘

猴頭菜每百觔　稅銀捌分

芝蔴烘荳每石　稅銀貳分

荸薺楊梅風菱每百觔　稅銀壹分

萱花每百觔　稅銀捌分

倭醬瓜每百觔　稅銀捌分

醃菜乾葫蘆乾每百觔　稅銀壹分陸厘

蔴餅花餅每百觔　税銀壹分

食山藥香芋每百觔　税銀壹分貳厘

蔴油桕油桕燭每百觔　税銀捌分

雜色油每百觔　税銀柒分

桐油栢油每百觔　税銀捌分

菜餅荳餅每百觔　税銀壹分

細茶每百觔　税銀肆錢

粗茶每百觔　税銀捌分

各色酒醋每拾罈　税銀肆分

蘇酒每百瓶　稅銀肆分

真粉蕨箕粉每百觔　稅銀壹分陸厘

小粉每百觔　稅銀壹分貳厘

洋貨雜貨等物類

珍珠重貳分以上者每顆　稅銀伍分

珍珠重捌玖厘至壹分以上者每顆　稅銀叁分

珍珠重陸柒厘者每顆　稅銀壹分

珊瑚樹每觔　稅銀伍錢

珊瑚枝每觔　稅銀叁錢

碎珊瑚每觔　稅銀貳錢
瑪瑙每拾觔　稅銀壹兩
蜜珀器每拾觔　稅銀壹兩
荒蜜珀每拾觔　稅銀陸錢
琥珀器每拾觔　稅銀捌錢
碎琥珀每拾觔　稅銀陸錢
玉器每拾個　稅銀叁錢伍分
雄黄器每拾個　稅銀叁錢伍分
玻璃器每百觔　稅銀叁兩肆錢

羽毛緞每丈　稅銀壹兩捌錢
猩猩氊每丈　稅銀叁錢
各色哆囉呢每丈　稅銀貳錢伍分
嗶嘰緞每丈　稅銀壹錢伍分
西洋斜文布每疋　稅銀壹錢叁分
中西洋布每疋　稅銀捌分
象布帳幔每百觔　稅銀捌錢
大小緝布烏卵布烏灰布每百觔　稅銀肆錢
琉球粗葛布每疋　稅銀壹分

西洋手巾帕每條　税銀壹分

象牙上者中者下者每拾觔　税銀上者叁錢貳分中者貳錢伍分下者貳錢

青楄犀角每拾觔　税銀貳錢

犀角器每拾個　税銀肆錢

孔雀毛每百枝翠毛每拾個　税銀肆分

玳瑁每觔　税銀叁分

螺鈿器上者中者下者每件　税銀上者壹錢中者叁分下者壹分

螺殼器每百觔　税銀捌錢

粗螺殼倭牛角每百觔　税銀伍分

千里水鏡玻璃鏡每個 中者兩作壹 小者拾作壹　稅銀伍錢

西洋眼鏡指玦每百個　稅銀伍錢

羅經每百觔　稅銀玖錢

倭銅天平盤桿每副　稅銀伍分

日本小刀頭每拾把　稅銀捌分

倭自鳴鐘每個　稅銀捌錢

倭銅扣每觔　稅銀壹分

倭銅烟管每百枝　稅銀貳錢

倭竹烟管每百枝　稅銀捌分

古銅器每觔　稅銀六錢

洋烏漆箱每隻大者貳尺以上　稅銀伍錢

倭粗漆盤每拾個　稅銀貳分

大洋提櫃每個　稅銀伍分

小洋提櫃每個　稅銀貳分

佳紋蓆上者中者下者每領　稅銀壹錢貳分捌分叁分

大龍鬚細蓆每領小者粗者兩領作壹領　稅銀肆分

紅毛酒每瓶　稅銀貳分

倭匣烟每百觔　稅銀壹兩伍錢

福建烟每百觔　稅銀肆錢

建烟葉每百觔　稅銀貳錢

眞金扇每百把　稅銀捌分

熏金扇川扇每百把　稅銀肆分

花梨酒盃盤青田石圖書每百個　稅銀肆分

凍石壽山石圖書每拾觔　稅銀伍錢

鈿子石每百觔　稅銀叁錢

玉田沙每百觔　稅銀貳錢

嵌石屏風每架　稅銀壹分

嵌石桌子每張 稅銀壹分陸厘

高麗紙每千張 稅銀壹錢

日本紙大者小者每百張 稅銀肆厘貳厘

絹畫每幅 稅銀柒厘

紙畫每幅 稅銀肆厘

大料絲燈珠燈每盞 稅銀肆分

小料絲燈小珠燈每盞 稅銀貳分

羊角燈羊皮燈每盞 稅銀壹分貳厘

大紗燈每盞 稅銀捌厘

小紗燈每盞　稅銀肆厘

大琉璃每百個　稅銀肆錢

小琉璃小盆燈每百個　稅銀肆分

圍屏燈每架　稅銀壹錢貳分

雕漆圍屏大者小者每架　稅銀伍錢叁錢

書厨小皮匾每個　稅銀捌厘

皮拜匣每個　稅銀肆厘

小皮箱皮枕匣每個　稅銀貳厘

皮靠手懶收拾每個　稅銀壹分貳厘

漆減粧鏡架每百個　稅銀捌錢
椰瓢木小香盒鏡架粉幢渣斗每百個　稅銀肆分
木梁箆箕每百個　稅銀壹分貳厘
竹梁箆箕每百個　稅銀捌厘
紗髮鬏髻每百個　稅銀肆分
淨頭髮每百觔　稅銀肆錢
翠花每百朵　稅銀肆分
絹綫花每百枝　稅銀肆分
青珠簪料每百片　稅銀肆分

籐凉帽胎每拾個 竹胎草胎叁作壹 稅銀肆分

合香安息香每拾觔 稅銀壹錢壹分

香帶每條草子汗衫每百件 稅銀肆分

絹香袋每百個 稅銀壹分貳厘

香料香墜香肥皂每百觔 稅銀肆分

花單每百條 稅銀肆錢

秋鞋凉鞋每百雙 稅銀肆分

貂鼠帽每頂 騷鼠帽兩作壹獺皮帽拾作壹羊皮帽貳拾頂作壹頂 稅銀肆分

法朗盤椀每百個 稅銀貳錢

法瑯鍾每百個　稅銀壹錢叁分

天生眼茶匙每拾張　稅銀叁厘貳毫

錫鑞酒盞竹絲菓罩每百個　稅銀貳分

護衣樸每百個　稅銀捌分

籐絲菓罩每百個　稅銀叁分貳厘

篾絲轎柄每百觔　稅銀壹分陸厘

雙陸棋盤每副　稅銀肆分

紙棋盤每百張　稅銀貳分

骨牌每百副　稅銀貳分

紙牌每百副　　税銀肆釐

大鼓每拾面　　税銀肆分

圍碁子每百觔　　税銀肆分

小鼓每百面　　税銀肆分

竹簫每百枝　　税銀肆分

木數珠每百串　　税銀肆分

燒石料簪圈每百觔　　税銀肆錢

燒石料坯每百觔　　税銀貳錢

角不求人筆筒每百個　　税銀肆分

木軸頭每百副　稅銀肆分
銅絲帳鈎每百副　稅銀貳分
班枝花每百觔　稅銀貳錢
絹人物每百個　稅銀肆分
絹窓心每百眼　稅銀肆分
明瓦每擔　稅銀肆分
西國米每百觔　稅銀貳錢伍分
牛黃等丸每百包每包拾個　稅銀陸錢
硫黃每百觔不准出口　稅銀貳錢

肥皂每百觔　稅銀捌厘

小木瓢每百個　稅銀壹分貳厘

算盤子每百觔　稅銀肆分

銅絲罩每百個　稅銀捌分

棕箒每百個　稅銀肆分

棕竹每根　稅銀肆厘

棕竹筆管每百枝　稅銀壹分陸厘

戥子每百把　稅銀肆分

青箬花箬每百觔　稅銀捌厘

韁繩髮繩每百條　稅銀肆分
魚網每口　稅銀壹分貳厘
消息子每千個　稅銀壹分貳厘
拜條蒲團每百個　稅銀捌厘
烏丁泥每百觔　稅銀叁錢叁分
泥香爐花瓶每百個　稅銀捌厘
明角帳鈎每百副　稅銀叁分
牛角帳鈎每百副　稅銀貳分
亮粉土城每百觔　稅銀捌厘

通草片每百觔　稅銀捌分
燈盞每千個　稅銀壹分
龜筒每百觔　稅銀叁錢叁分
建盆每百個　稅銀壹分貳厘
海味魚鮮等類
白燕窩每百觔　稅銀叁兩伍錢
紅燕窩每百觔　稅銀壹兩捌錢
海粉每百觔　稅銀陸錢
鰾魚沙魚翅每百觔　稅銀肆錢

海參每百觔　稅銀叁錢

魚膠每百觔　稅銀貳錢

沙魚皮每百張　稅銀貳錢

海狗皮每拾張　稅銀壹錢

海醃菜每百觔　稅銀陸分叁厘

乾鹿角菜　紫菜　麒麟菜　乾石花菜　牛毛菜

雞腳菜　海菜　對蝦　蝦米　水母線

風蟳　龍頭魚　蟶乾　以上每百觔稅銀捌分

乾銀魚　乾淡菜　鰻鯗　以上每百觔稅銀陸分

乾海蜇每百觔　稅銀伍分

黑菜每百觔　稅銀叁分伍厘

紅菜　海白菜　海瓜　裙帶菜　鱘鰉魚　鯤魚

黃魚乾　鮮黃魚　車蛾乾　鱖魚　鰣魚　春魚

螞蝗　鯳魚　鮹魚　鰳魚　鯽魚　鰱魚

裙帶鯗　鰟魚　馬鮫魚　梅白魚　乾魚蝦　鯕魚

黑魚　糟蚶　龜脚　鱭魚　蛤蜊醬　醃蟶

醬蟹　蟹子　乾白鯗　糟鯗　醃鯌

以上每百觔稅銀肆分

火海蜇　鮮淡菜　蟹股　螟蜅　白皮子　[illegible]
白蛤　各色雜小魚　水鯗　以上每百觔稅銀[illegible]
淡鮚　泥鯉　魚子　蝦子　蝦蟹醬　蛀蚌
彭蜮　甲魚　鱔魚　蛤蜊　蝦皮　醃蝦
以上每百觔稅銀貳分
苔菜　滷蝦　海螄　以上每百觔稅銀壹分
洋船樑頭每年稅銀一次徵收則例
壹丈以上至貳丈闊船　每尺徵銀貳兩
貳丈以上闊船　每尺徵銀肆兩

一捕船隻樑頭稅銀每年兩次徵收則例有全完者聽其輸納先納半年者俱于漁期全完

肆尺　徵銀肆錢　每寸徵銀壹分

伍尺　徵銀伍錢　每寸徵銀壹分

陸尺　徵銀柒錢貳分　每寸徵銀壹分貳釐

柒尺　徵銀玖錢捌分　每寸徵銀壹分肆釐

捌尺　徵銀壹兩貳錢捌分　每寸徵銀壹分陸釐

玖尺　徵銀壹兩陸錢貳分　每寸徵銀壹分捌釐

壹丈　徵銀貳兩貳錢　每寸徵銀貳分貳釐

壹丈壹尺　徵銀貳[illegible]貳分　每寸徵銀貳分貳釐

一丈貳尺　收銀貳兩捌錢捌分　每寸徵銀貳分肆厘

壹丈叁尺　徵銀叁兩叁錢捌分　每寸徵銀貳分陸厘

壹丈肆尺　徵銀叁兩玖錢貳分　每寸徵銀貳分捌厘

壹丈伍尺　徵銀肆兩伍錢　每寸徵銀叁分

各色糧食船隻俱不徵稅止納船料樑頭每過壹次照後開

丈尺納料

肆尺　稅銀貳錢　每寸徵銀伍厘

伍尺　稅銀貳錢伍分　每寸徵銀伍厘

陸尺　稅銀叁錢陸分　每寸徵銀陸厘

柒尺　稅銀肆錢玖分　每寸徵銀柒厘

捌尺　稅銀陸錢肆分　每寸徵銀捌厘

玖尺　稅銀捌錢壹分　每寸徵銀玖厘

壹丈　稅銀壹兩壹錢　每寸徵銀壹分壹厘

壹丈壹尺　稅銀壹兩貳錢壹分　每寸徵銀壹分壹厘

壹丈貳尺　稅銀壹兩肆錢肆分　每寸徵銀壹分貳厘

壹丈叁尺　稅銀壹兩陸錢玖分　每寸徵銀壹分叁厘

壹丈肆尺　稅銀壹兩玖錢陸分　每寸徵銀壹分肆厘

壹丈伍尺　稅銀貳兩貳錢伍分　每寸徵銀壹分伍厘

捕船隻口　一丈五尺以外者樑頭稅銀每[illegible]

例

丈六尺　稅銀伍兩肆錢肆分　每寸叄分肆厘

一丈七尺　稅銀陸兩捌錢　每寸肆分

一丈八尺　稅銀柒兩貳錢　每寸肆分

一丈九尺　稅銀柒兩陸錢　每寸肆分

二丈　稅銀捌兩　每寸肆分

凡有不及四尺船隻情願出入海口貿捕者亦行照例印烙

凡四尺以下尺寸科算徵收樑頭稅銀

則例

一以艦係出入海口但不係船隻相應不徵樑頭稅

其所採捕魚鮮等物照例收稅

一凡出洋粧蟒各色等緞綾羅縐紗絲紬俱照後開丈尺核算

等稅如有加長丈尺按長出尺數加算

粧蟒各色等緞　每貳丈爲一疋

各樣綾羅縐紗上者　每貳丈捌尺爲一疋

中者　每貳丈肆尺爲一疋

下者　每貳丈爲一疋

絲紬　每貳丈陸尺爲一疋